Tracy Nelson Maurer

TABLE DES MATIÈRES

Un livre de la collection
Les jeunes plantes de Crabtree

Crabtree Publishing
crabtreebooks.com

Soutien de l’école à la maison pour les parents, les gardiens et les enseignants

Ce livre aide les enfants à se développer grâce à la pratique de la lecture. Voici quelques exemples de questions pour aider le lecteur ou la lectrice à développer ses capacités de compréhension. Les suggestions de réponses sont indiquées en rouge.

Avant la lecture

- De quoi ce livre parle-t-il?
    - *Je pense que ce livre parle des serpents corail.*
    - *Je pense que ce livre montre de beaux serpents.*

- Qu’est-ce que je veux apprendre sur ce sujet?
    - *Je veux savoir pourquoi les serpents corail sont venimeux.*
    - *Je veux apprendre où vivent les serpents corail.*

Pendant la lecture

- Je me demande pourquoi...
    - *Je me demande pourquoi les serpents corail éclosent d’œufs.*
    - *Je me demande pourquoi les serpents corail sont petits et ont un venin mortel.*

- Qu’est-ce que j’ai appris jusqu’à présent?
    - *J’ai appris que la plupart des serpents corail mesurent environ 20 pouces.*
    - *J’ai appris que les serpents corail sont rouge, jaune et noir.*

Après la lecture

- Nomme quelques détails que tu as retenus.
    - *J’ai appris que les crochets des serpents corail injectent du venin à leur proie.*
    - *J’ai appris qu’ils mangent de petits lézards et d’autres serpents.*

- Lis le livre à nouveau et cherche les mots de vocabulaire.
    - *Je vois le mot **reptiles** à la page 3 et le mot **crochets** à la page 12. Les autres mots du glossaire se trouvent aux pages 22 et 23.*

LE SERPENT CORAIL

Les serpents corail sont de petits **reptiles**.

Les bébés corail
éclosent d'œufs.

Une fois adultes, la plupart des serpents corail mesurent environ 20 pouces (50 cm).

Certains serpents corail sont aussi ronds qu’un crayon.

Les **écailles** du serpent corail peuvent être de différents couleurs.

De nombreux serpents corail sont reconnus pour leurs bandes rouges, jaunes et noires.

Les bandes rouges et jaunes signifient « n’approche pas! ».

La couleuvre tachetée imite les couleurs du serpent corail. Contrairement au serpent corail, la couleuvre tachetée n'a pas de **venin** mortel.

Les serpents corail ont des **crochets** plus courts que la plupart des autres serpents.

Les crochets injectent le venin dans leur **proie**.

Le venin de serpent corail est le plus dangereux des États-Unis. La bonne nouvelle? Peu de serpents corail mordent les gens.

Les serpents corail chassent la nuit.

Ils mangent de petits lézards et d’autres serpents.

lézard

Ils se reposent sous les feuilles et les rochers ou cachés dans des **terriers** et des rondins.

Glossaire

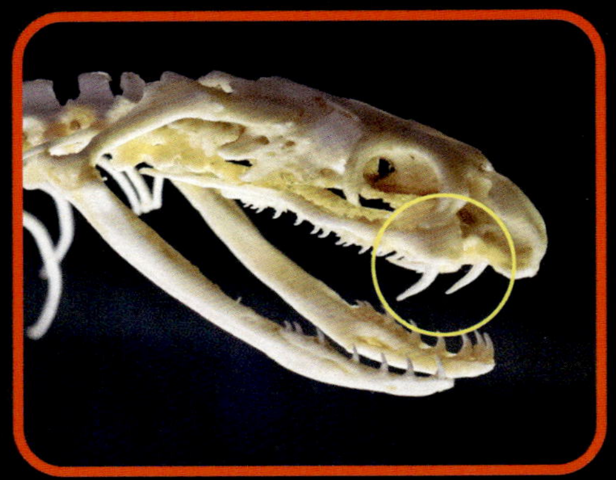

crochets (cro-chè) : Les crochets sont de longues dents acérées.

écailles (é-caye) : Les écailles sont des morceaux de peau dure et mince.

proie (proa): Une proie est un animal chassé et mangé par un autre animal.

reptiles (rep-til) : Les reptiles sont des animaux à sang froid et à écailles qui respirent de l'air.

terriers (té-rié) : Les terriers sont des tunnels ou des trous dans le sol.

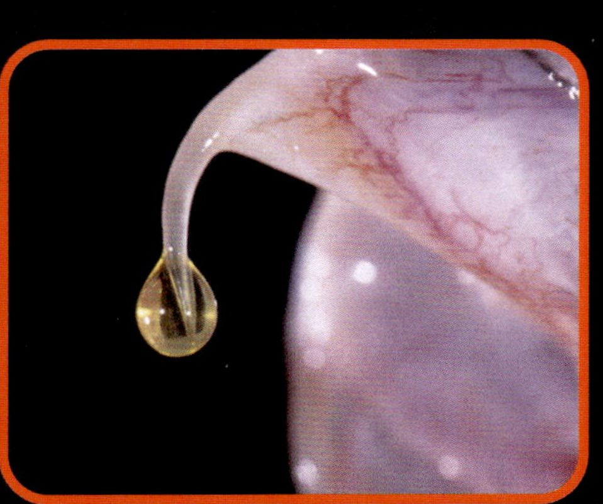

venin (ve-nin) : Le venin est un poison injecté par une morsure ou une piqûre.

Index

À propos de l'autrice

Tracy Nelson Maurer

Tracy Nelson Maurer a écrit plus de 100 livres pour les jeunes lecteurs. Elle habite au Minnesota où il fait trop froid pour la plupart des serpents dangereux.

Sites Web

Les sites Web sont en anglais seulement.

www.nationalgeographic.com/animals/reptiles/e/eastern-coral-snake
https://animals.net/coral-snake

Crabtree Publishing

crabtreebooks.com 800-387-7650

Au Canada : Nous reconnaissons l'appui financier du gouvernement du Canada par l'entremise du Fonds du livre du Canada pour nos activités de publication.

Imprimé au Canada/112023/CPC20231031

Catalogage avant publication de Bibliothèque et Archives Canada
Titre: Le serpent corail / Tracy Nelson Maurer ; texte français d'Annie Eevarts.
Autres titres: Coral snakes. Français.
Noms: Maurer, Tracy Nelson, auteur.
Description: Mention de collection: Serpents dangereux | Les jeunes plantes de Crabtree | Traduction de : Coral snakes. | Comprend un index.
Identifiants: Canadiana (livre imprimé) 20210281642 | Canadiana (livre numérique) 20210281677 | ISBN 9781039608719 (couverture souple) | ISBN 9781039608771 (HTML) | ISBN 9781039608832 (EPUB)
Vedettes-matière: RVM: Serpents corail—Ouvrages pour la jeunesse. | RVMGF: Documents pour la jeunesse.
Classification: LCC QL666.O64 M3814 2022 | CDD j597.96/44—dc23

Publié au Canada
Crabtree Publishing
616 Welland Avenue
St. Catharines, Ontario
L2M 5V6

Publié aux États-Unis
Crabtree Publishing
347 Fifth Avenue
Suite 1402-145
New York, NY 10016

Paperback 978-1-0396-0871-9
Ebook (pdf) 978-1-0396-0877-1
Epub 978-1-0396-0883-2
Read-along 978-1-0398-0349-7
Audio book 978-1-0396-6680-1

Autrice : Tracy Nelson Maurer
Conception : Jennifer Dydyk
Révision : Kelli Hicks
Correctrice : Janine Deschenes
Traduction : Annie Evearts

Références photographiques : Masque pour le graphique de peau de serpent sur la couverture et les autres pages © shutterstock.com/Merydolla; triangle jaune avec le graphique de serpent © Top Vector Studio/Shutterstock; photo de la couverture : © shutterstock. com/ Jay Ondreicka; p. 3 : ©shutterstock. com/Mark_Kostich; p. 5 © Shutterstock.com/ NOPPHARAT6395; p. 7 © istock/ mspoli; p. 9 © Luis Tejo | Dreamstime.com; p. 10 (haut) Shutterstock.com/vinap, (bas) © istock/vinap; p. 11 © Shutterstock/Matt Jeppson; p. 13 Jason Ondreicka | Dreamstime.com; p. 15 © Shutterstock/J.A. Dunbar; p. 17 © Shutterstock/ Jay Ondreicka; p. 18 © Shutterstock/Kuznetsov Alexey; p. 19 © Shutterstock/Martina Birnbaum; p. 21 © Shutterstock/Luis César Tejo; p. 22 (haut) © Shutterstock/A_ Lesik, (centre) Akarat Duangkhong | Dreamstime.com, (bas) © Shutterstock/Karel Bartik; p. 23 (centre) © istock/cturtletrax, (bas) © Shutterstock/Joe McDonald